Aventuras de viaje

Carlsbad Caverns

Identificación de patrones aritméticos

Dona Herweck Rice

Asesoras

Michele Ogden, Ed.D
Directora, Irvine Unified School District

Jennifer Robertson, M.A.Ed.
Maestra, Huntington Beach City School District

Créditos de publicación

Rachelle Cracchiolo, M.S.Ed., *Editora comercial*
Conni Medina, M.A.Ed., *Gerente editorial*
Dona Herweck Rice, *Realizadora de la serie*
Emily R. Smith, M.A.Ed., *Realizadora de la serie*
Diana Kenney, M.A.Ed., NBCT, *Directora de contenido*
Stacy Monsman, M.A., *Editora*
Kevin Panter, *Diseñador gráfico*

Créditos de imágenes: pág. 8 GIPhotoStock/Science Source;
pág. 14 Michael Nichols/Getty Images; págs. 14-15 John
Cancalosi/Getty Images; pág. 15 Rick & Nora Bowers/Alamy
Stock Photo; págs. 16-17 NPS Photo/Peter Jones; pág. 18
(superior) Michael Runkel New Mexico/Alamy Stock Photo;
págs. 20-21 Susan E. Degginger/Alamy Stock Photo; págs. 22-23
Doug Meek/Getty Images; pág. 23 Brendan Smialowski/AFP/
Getty Images; pág. 24 Jim West/Alamy Stock Photo; pág. 25 RGB
Ventures/SuperStock/Alamy Stock Photo; pág. 26 Chris Howes/
Wild Places Photography/Alamy Stock Photo; contraportada
Rick & Nora Bowers/Alamy Stock Photo; todas las demás
imágenes de iStock y/o Shutterstock.

Teacher Created Materials
5301 Oceanus Drive
Huntington Beach, CA 92649-1030
http://www.tcmpub.com

ISBN 978-1-4258-2882-0
© 2018 Teacher Created Materials, Inc.
Made in China
Nordica.102017.CA21701218

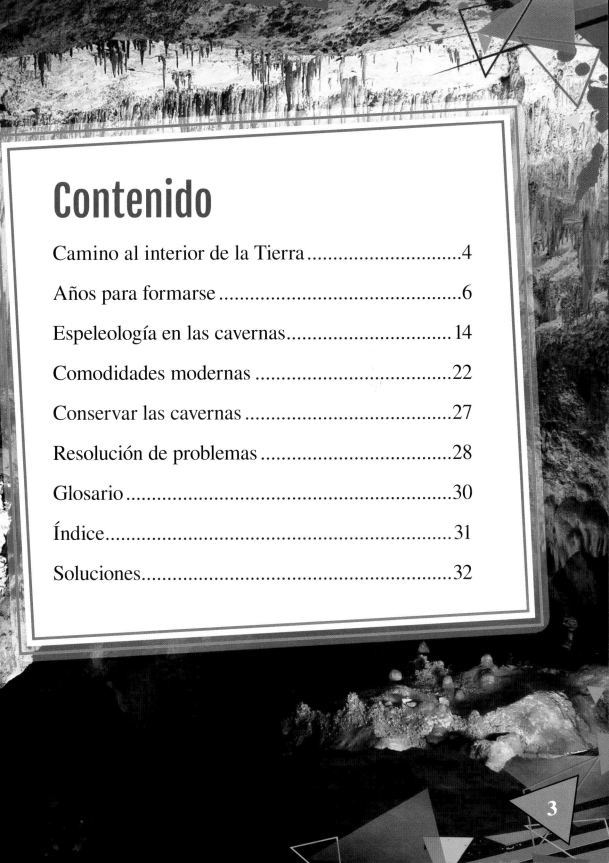

Contenido

Camino al interior de la Tierra

    Pisas con cuidado el sinuoso sendero de cemento. El sendero desciende y desciende por debajo del nivel del suelo. El aire se vuelve más frío con cada paso. La luz se hace más tenue a medida que vas dejando el sol atrás. Las aves vuelan a toda velocidad por encima de tu cabeza y bajan por el sendero delante de ti.

    El sendero conduce a una abertura alta y ancha. Parece como si la tierra estuviera bostezando. Se trata de la boca de las cavernas. ¡Estás a punto de caminar adentro de la tierra misma! El aire es húmedo y hay un fuerte olor a **guano** de murciélago, o excremento. ¡El suelo de la cueva está cubierto de eso!

    Acabas de pasar la entrada de las cavernas de Carlsbad. Las cavernas se encuentran en un parque nacional de Estados Unidos. Las personas quieren **conservar** este lugar único para los años venideros.

CARLSBAD CAVERNS

Una de las propiedades de la suma es que dos números impares siempre resultan en uno par. Dos números pares también resultan en una suma par. Pero un número impar y un número par resultan en un número impar. Estos son patrones constantes de la aritmética.

Ahora, imagina que das 335 pasos dentro de la caverna. Tu hermano, que tiene piernas más cortas, da 383 pasos. ¿La suma de los pasos dará un número impar o par?

El sinuoso sendero hacia la entrada de las cavernas de Carlsbad.

Los espeleotemas son estructuras formadas por minerales a lo largo del tiempo.

Años para formarse

La maravilla de las cavernas de Carlsbad tardó muchos años en formarse. Los **procesos** de la Tierra dieron forma a las cuevas. Esto fue lento. Tuvieron que darse las condiciones correctas de la manera adecuada. Primero, la roca que forma la cueva tiene que ser **soluble**. Segundo, la roca debe poder formar **espeleotemas**.

Lo asombroso de las cavernas de Carlsbad no es que se trate de un sistema de cuevas. Existen muchas cuevas en el mundo. Las cuevas son grandes aperturas en la tierra en las que al menos a una parte no le llega la luz del sol. Las cuevas son comunes en el lugar donde están las cavernas de Carlsbad. Pero existen pocas cuevas tan hermosas y tan grandes. Se acercan personas de todo el mundo solo para verlas. ¡Son la verdadera definición de lo asombroso! Los visitantes se asombran de lo que ven.

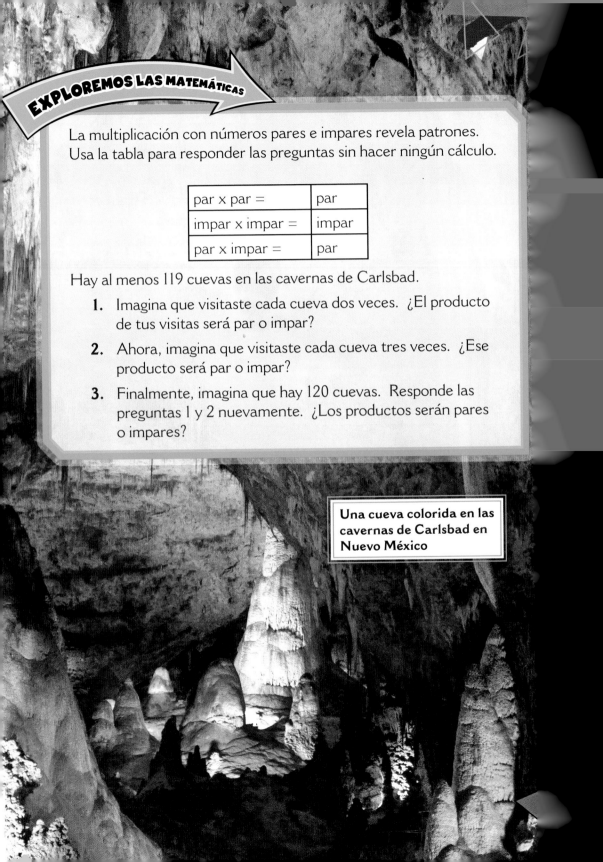

La multiplicación con números pares e impares revela patrones. Usa la tabla para responder las preguntas sin hacer ningún cálculo.

par x par =	par
impar x impar =	impar
par x impar =	par

Hay al menos 119 cuevas en las cavernas de Carlsbad.

1. Imagina que visitaste cada cueva dos veces. ¿El producto de tus visitas será par o impar?

2. Ahora, imagina que visitaste cada cueva tres veces. ¿Ese producto será par o impar?

3. Finalmente, imagina que hay 120 cuevas. Responde las preguntas 1 y 2 nuevamente. ¿Los productos serán pares o impares?

Una cueva colorida en las cavernas de Carlsbad en Nuevo México

Un trozo de piedra caliza se corroe en ácido.

8

El borde de un estanque de agua en las cavernas de Carlsbad.

La corrosión en acción

Las cuevas pueden formarse de muchas maneras. Por ejemplo, los tubos de lava pueden formar cuevas de diferentes formas y tamaños. Las cuevas también se pueden formar con el movimiento de las **placas** de la Tierra. Pero las cavernas como las de Carlsbad se forman cuando la roca se disuelve. Esto sucede con la **corrosión**. Los **ácidos** en agua se filtran por las grietas de la roca. Con el tiempo, desgastan la roca. Las aberturas se hacen cada vez más profundas y más amplias. Las cavernas se distribuyen por debajo de la superficie de la Tierra. ¡Parecen madrigueras desordenadas cavadas por ratones de campo gigantes!

Para que quede claro. El agua en sí no es un ácido. Pero el agua de lluvia puede recolectar ácidos de la atmósfera de la Tierra. Cuando eso sucede, el ácido en el agua socava las cavernas. ¡Y también hace mucho más!

Plic, plic, plic

Cuando se estaban formando, el movimiento de las placas de la Tierra elevó las cuevas. El agua ácida se drenó y reveló enormes recintos y senderos. Pero había mucho trabajo que hacer antes de que las cavernas se transformaran en lo que conocemos hoy. De hecho, ¡ese proceso todavía continúa!

Esto es lo que sucede. El agua fresca se **percola** dentro de las cavernas. Proviene de la lluvia y del agua almacenada en el suelo. El agua gotea de manera constante a través de la roca. De este modo, las cavernas se mantienen húmedas y con moho. El agua recoge minerales y gas mientras gotea, lo cual crea **ácido carbónico**. Los minerales y el ácido en el agua se ponen a trabajar. Construyen las hermosas formaciones que reciben a tantos visitantes. Lo hacen gota a gota.

Formaciones de piedra caliza como estas se generan luego de muchos años.

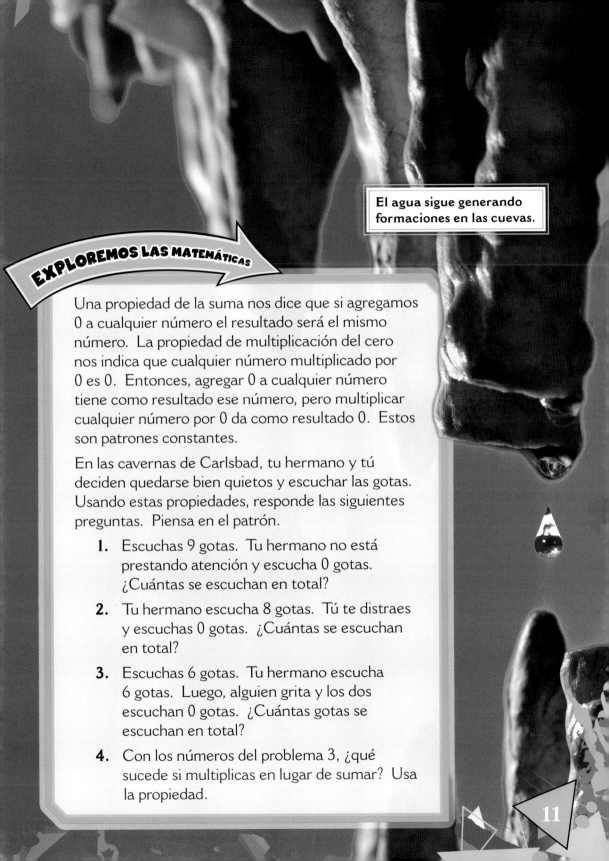

El agua sigue generando formaciones en las cuevas.

Una propiedad de la suma nos dice que si agregamos 0 a cualquier número el resultado será el mismo número. La propiedad de multiplicación del cero nos indica que cualquier número multiplicado por 0 es 0. Entonces, agregar 0 a cualquier número tiene como resultado ese número, pero multiplicar cualquier número por 0 da como resultado 0. Estos son patrones constantes.

En las cavernas de Carlsbad, tu hermano y tú deciden quedarse bien quietos y escuchar las gotas. Usando estas propiedades, responde las siguientes preguntas. Piensa en el patrón.

1. Escuchas 9 gotas. Tu hermano no está prestando atención y escucha 0 gotas. ¿Cuántas se escuchan en total?

2. Tu hermano escucha 8 gotas. Tú te distraes y escuchas 0 gotas. ¿Cuántas se escuchan en total?

3. Escuchas 6 gotas. Tu hermano escucha 6 gotas. Luego, alguien grita y los dos escuchan 0 gotas. ¿Cuántas gotas se escuchan en total?

4. Con los números del problema 3, ¿qué sucede si multiplicas en lugar de sumar? Usa la propiedad.

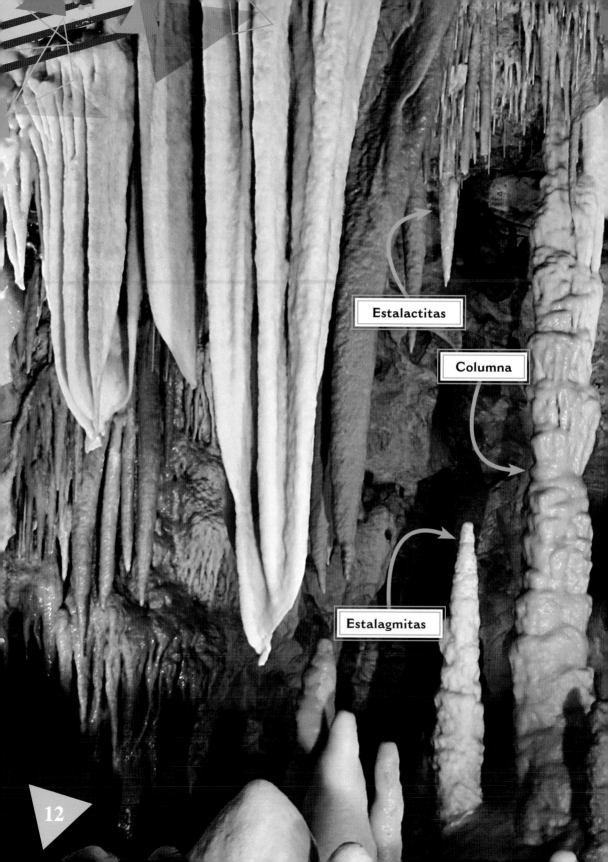

Estalactitas

Columna

Estalagmitas

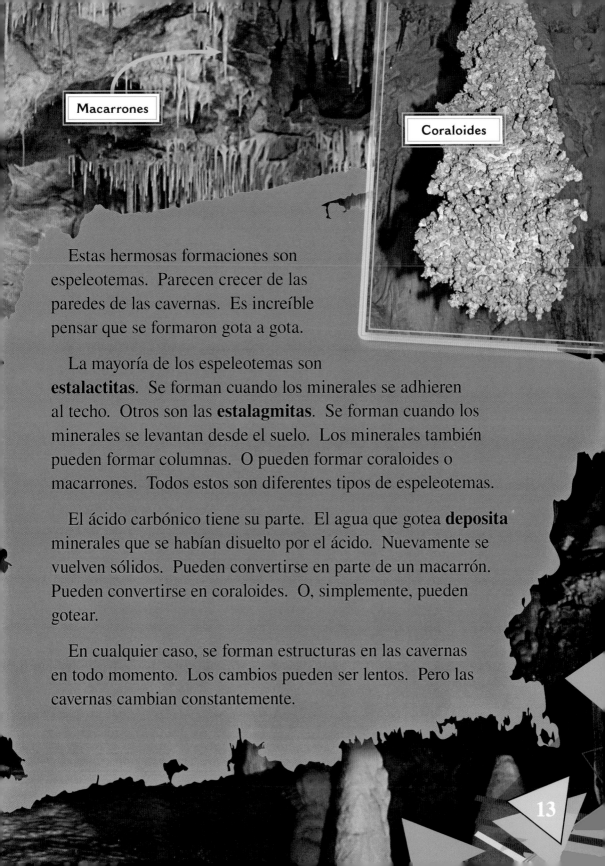

Macarrones

Coraloides

Estas hermosas formaciones son espeleotemas. Parecen crecer de las paredes de las cavernas. Es increíble pensar que se formaron gota a gota.

La mayoría de los espeleotemas son **estalactitas**. Se forman cuando los minerales se adhieren al techo. Otros son las **estalagmitas**. Se forman cuando los minerales se levantan desde el suelo. Los minerales también pueden formar columnas. O pueden formar coraloides o macarrones. Todos estos son diferentes tipos de espeleotemas.

El ácido carbónico tiene su parte. El agua que gotea **deposita** minerales que se habían disuelto por el ácido. Nuevamente se vuelven sólidos. Pueden convertirse en parte de un macarrón. Pueden convertirse en coraloides. O, simplemente, pueden gotear.

En cualquier caso, se forman estructuras en las cavernas en todo momento. Los cambios pueden ser lentos. Pero las cavernas cambian constantemente.

Espeleología en las cavernas

Los **espeleólogos** son fanáticos de las cavernas de Carlsbad. Así se les llama a las personas que se dedican a explorar cuevas. En las cavernas, pueden ver las formaciones raras que las convierten en mucho más que cuevas tradicionales.

Un espeleólogo examina las formaciones en lo profundo de las cavernas de Carlsbad.

¡Los murciélagos!

Luego de pasar por la entrada sinuosa de la caverna, es probable que te detengas para respirar. ¡Acabas de atravesar 200 pies (61 metros) por debajo de la superficie! Está oscuro y el aire es fresco. A tu izquierda hay una cueva gigante. Se llama la Cueva de los Murciélagos. Pero no, Batman® no vive allí. ¡Viven más murciélagos de lo que te puedes imaginar! Duermen durante el día. Al atardecer, salen volando por la entrada de la caverna. Cubren el cielo en una masa enorme. ¡Es algo asombroso de ver! Si visitas durante la primavera o el verano, es posible que llegues a verlos volando.

EXPLOREMOS LAS MATEMÁTICAS

Si bien a menudo están durmiendo, los murciélagos de las cavernas de Carlsbad están por todos lados ¡y es casi imposible contarlos!

Una propiedad de la suma y la multiplicación indica que incluso si cambias el orden de los sumandos o factores, obtienes la misma suma o producto. Por ejemplo, $3 + 2 = 5$ y $2 + 3 = 5$. También $3 \times 2 = 6$ y $2 \times 3 = 6$. ¡Este es un patrón en el que puedes confiar!

Ten en cuenta esta propiedad al responder estas preguntas:

1. Cuentas 6 grupos de 3 murciélagos cada uno. ¿Cuántos murciélagos hay?
2. Si cuentas 3 grupos de 6 murciélagos cada uno, ¿cuántos murciélagos tienes?
3. ¿Cómo se demuestra la propiedad en las preguntas 1 y 2?

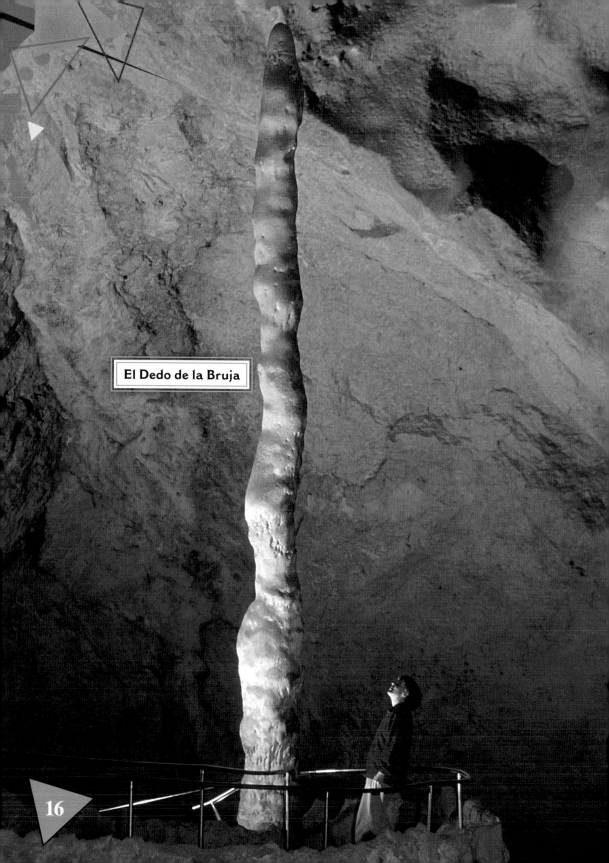

El Dedo de la Bruja

El Corredor Principal

La siguiente parte de tu paseo es por el Corredor Principal. Es un sendero largo con techos altos. Hay mucho espacio para mirar alrededor. Pronto pasas por la Fuente del Diablo y la Guarida del Diablo. ¡Estos nombres te dirán algo acerca de cómo se sintieron los primeros exploradores en las cavernas! En la Guarida del Diablo estás a unos 500 ft (152 m) por debajo de la superficie.

Al bajar por el sendero empinado, llegas al Dedo de la Bruja. Se erige solo y señala hacia arriba desde el suelo. Se parece mucho al dedo largo y huesudo con el que la bruja pinchaba a Hansel en el cuento *Hansel y Gretel*. Pero es unas cinco veces más alto que un niño como Hansel.

A continuación está la Roca Témpano. Allí es donde dobla el sendero. La "roca" se suspendía desde arriba. Pero su peso la hizo caer al suelo. ¡Pesa más de 200,000 toneladas!

Fuente del Diablo

Un lugar para comer y comprar en lo profundo de las cavernas.

El Salón Grande

Cuando pasas la Roca Témpano el sendero serpentea. Se vuelve angosto y luego se ensancha otra vez. Si vas con un guía, puedes llegar al Palacio del Rey y a la Recámara de la Reina. Se encuentran a más de 800 ft (244 m) por debajo de la superficie. Pero si vas solo, doblarás a la izquierda hacia el Salón Grande. ¡Ahora sí comienza el espectáculo!

Primero, ingresas al área llana y amplia del Salón Grande. Se va llenando de gente. Muchos de ellos acaban de bajar del elevador. Este baja cientos de pies desde la oficina turística que está en la superficie.

En ese rellano hay algo más hecho por los humanos. ¡Hay una cafetería! Sí. En lo profundo de las cavernas, puedes comprar algo para comer. Y también algún recuerdo.

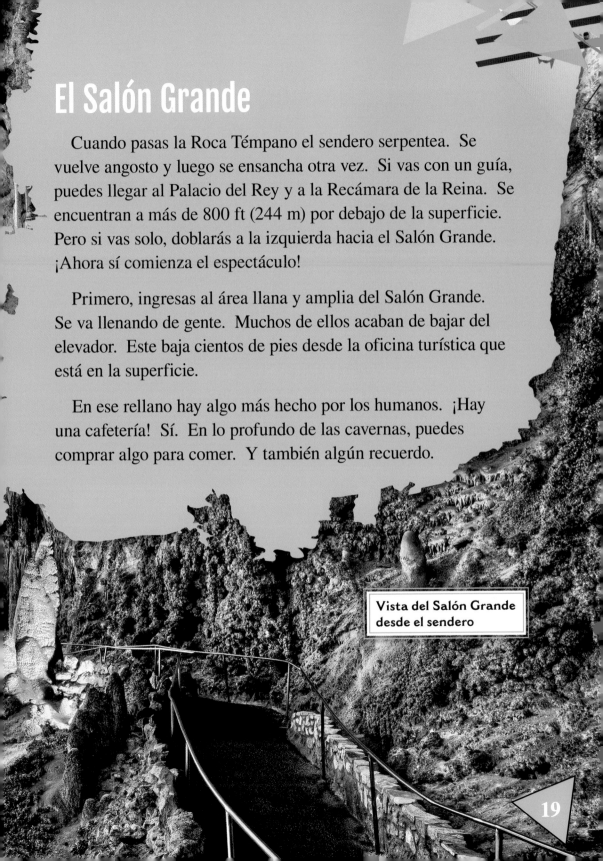

Vista del Salón Grande desde el sendero

Pero la cafetería no es la razón por la que el Salón Grande es algo grandioso. Lo grandioso es la habitación en sí. Pasando la cafetería hay una recámara enorme… realmente enorme. ¡La recámara del Salón Grande es tan espaciosa que podrían caber seis campos de fútbol! Y está repleta de formaciones espectaculares. Verás sitios como el Pozo Interminable y el Templo del Sol. Se ven como suenan. Verás el Lago Espejo y la Cúpula de Cristal. ¡La Gruta Pintada es tan hermosa como te la imaginas!

También es divertido inventar tus propios nombres. ¿Qué ves en las formaciones? Es como encontrar formas en las nubes. Verás algo nuevo donde mires.

Y también desearás tomar fotos. Todos se detienen para admirar y tomar innumerable cantidad de fotos de las maravillas del Salón Grande.

Templo del Sol

Domo Manantial de Cristal

Las cavernas de Carlsbad están repletas de patrones de formaciones. Los patrones crean hermosas vistas. ¡Los patrones matemáticos también pueden ser hermosos! Observa esta tabla de suma. Los sumandos aparecen en la hilera superior y en la columna izquierda. Las sumas están donde se intersecan. Estudia la tabla. Luego, responde estas preguntas. ¡Presta atención a los patrones!

1. ¿Qué observas cuando la suma es 5?

2. ¿Qué observas cuando la suma es 0?

3. ¿Qué observas cuando la suma es 10?

4. ¿Qué observas en los patrones a lo largo de todas las sumas?

+	0	1	2	3	4	5	6	7	8	9	10
0	0	1	2	3	4	5	6	7	8	9	10
1	1	2	3	4	5	6	7	8	9	10	11
2	2	3	4	5	6	7	8	9	10	11	12
3	3	4	5	6	7	8	9	10	11	12	13
4	4	5	6	7	8	9	10	11	12	13	14
5	5	6	7	8	9	10	11	12	13	14	15
6	6	7	8	9	10	11	12	13	14	15	16
7	7	8	9	10	11	12	13	14	15	16	17
8	8	9	10	11	12	13	14	15	16	17	18
9	9	10	11	12	13	14	15	16	17	18	19
10	10	11	12	13	14	15	16	17	18	19	20

Gruta Pintada

Las luces, los pasamanos y el pavimento facilitan la visita a las cavernas.

Comodidades modernas

Es posible que te preguntes cómo alguien puede caminar por las cavernas tan fácilmente. Las comodidades modernas ayudan mucho. El sitio se convirtió en parque nacional de Estados Unidos en 1930. Desde entonces, se han agregado muchas cosas que ayudan a los visitantes. El elevador es una de estas. La cafetería es otra. También, se pavimentó el sendero para que caminar fuera más fácil. Además hay pasamanos. Evitan que los visitantes se resbalen en el suelo húmedo y empinado. También hay lugares para sentarse a lo largo del camino. Puedes pasar horas caminando por las cavernas. Es bueno tener algún lugar para descansar cada tanto. Y lo mejor, ¡se han iluminado siete millas de senderos!

El presidente Obama y su familia visitan las cavernas de Carlsbad.

Como en antaño

¡Pero no todo el parque tiene estas comodidades modernas! La cueva del Cañón de los Sacrificios se conserva en su estado natural. Solo se la puede visitar con un guardaparque. No hay senderos pavimentados. No hay luz eléctrica. Los visitantes deben llevar linternas. Hay que caminar media milla (0.8 kilómetros) solo para llegar a la entrada de la cueva. El recorrido lleva otras dos o tres horas de caminata. Pero los visitantes dicen que valen la pena el tiempo y el esfuerzo.

Lo más destacado del paseo es el Árbol de Navidad. No es para nada un árbol. Es una columna de espeleotema. La columna está cubierta de cristales. Estos brillan a la luz de las linternas.

Los visitantes también pueden ir a las antiguas minas de guano. El guano cubre el suelo de la cueva de manera espesa. Antes se extraía para usar en cultivos.

Algunas personas esperan para entrar en la cueva del Cañón de los Sacrificios.

EXPLOREMOS LAS MATEMÁTICAS

¡En las cavernas de Carlsbad caminarás mucho! Observa esta tabla de multiplicación. Los factores aparecen en la hilera superior y en la columna izquierda. Los productos están donde se intersecan. Estudia la tabla. Luego, responde estas preguntas.

1. Tú y otras 5 personas (6 en total) dan 4 pasos cada una. Son 24 pasos en total. ¿De qué otras maneras pueden tú y un grupo diferente de personas llegar a 24 pasos dando la misma cantidad de pasos cada uno?

2. Si cada paso que das mide 2 pies de largo, ¿alguna vez tus pasos medirán un número impar?

×	1	2	3	4	5	6	7	8	9	10	11	12
1	1	2	3	4	5	6	7	8	9	10	11	12
2	2	4	6	8	10	12	14	16	18	20	22	24
3	3	6	9	12	15	18	21	24	27	30	33	36
4	4	8	12	16	20	24	28	32	36	40	44	48
5	5	10	15	20	25	30	35	40	45	50	55	60
6	6	12	18	24	30	36	42	48	54	60	66	72
7	7	14	21	28	35	42	49	56	63	70	77	84
8	8	16	24	32	40	48	56	64	72	80	88	96
9	9	18	27	36	45	54	63	72	81	90	99	108
10	10	20	30	40	50	60	70	80	90	100	110	120
11	11	22	33	44	55	66	77	88	99	110	121	132
12	12	24	36	48	60	72	84	96	108	120	132	144

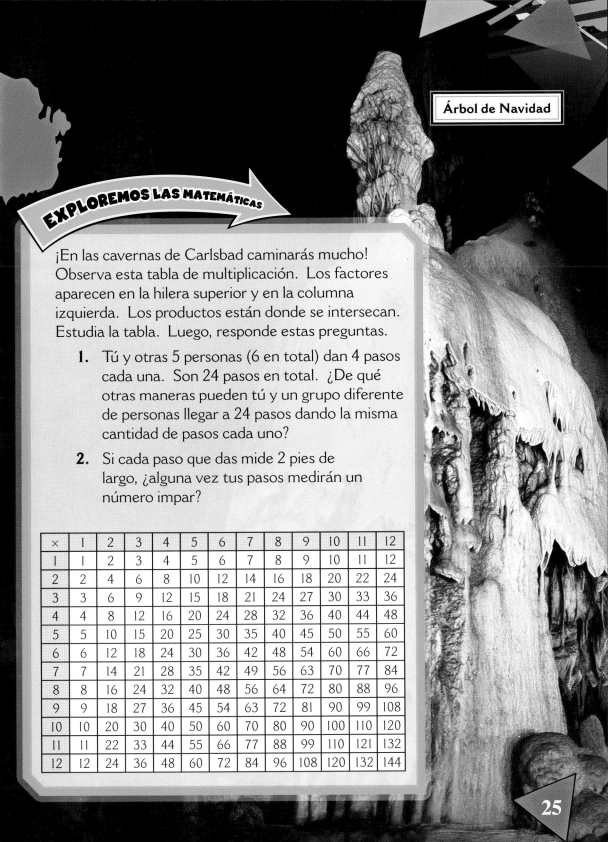

Conservar las cavernas

El parque nacional Carlsbad Caverns fue establecido para conservar estas cavernas. Alguna vez estuvieron en peligro. Las personas pueden dañar la naturaleza sin darse cuenta. A veces, con solo caminar por un área se la puede afectar.

Existen reglas en las cavernas que los visitantes deben seguir. Mantenerse en los senderos. No sentarse en los espeleotemas. No escribir sobre estos ni marcarlos. Los guardaparques trabajan en las cavernas para enseñar a las personas. También ayudan a las personas a que sigan las reglas. Y las personas pagan para visitar las cavernas. El dinero ayuda a solventar su cuidado.

Algunas personas tienen la tentación de llevarse a casa algún trozo de las cavernas. O quieren tallar sus nombres en las rocas. Pero las cavernas de Carlsbad nos pertenecen a todos. Como dice el letrero, solo debemos tomar fotos y recuerdos. Y solo debemos dejar huellas.

Por favor solo tomen fotos y solo dejen huellas

⚙️ Resolución de problemas

En las cavernas de Carlsbad hay patrones de espeleotemas en todos lados. Buscar patrones en las formaciones es como buscar patrones en aritmética. Las propiedades de la suma y la multiplicación están repletas de patrones. Te pueden ayudar a entender conceptos matemáticos.

Usa las tablas de suma y multiplicación de la derecha para responder las preguntas.

1. Al mirar una habitación con estalactitas, ves que hay grupos de 5. Cuando miras los múltiplos de 5 en la tabla de multiplicación, ¿qué observas?

2. Hay estalagmitas en grupos de 3 en una recámara. Cuando miras los múltiplos de 3 en la tabla de multiplicación, ¿qué observas?

3. Cuentas las estalagmitas de una caverna. Hay 13 grupos de 13. Agrega factores de 13 a la tabla de multiplicación. Amplía el patrón para mostrar todos los productos hasta 13 × 13.

4. Todos los múltiplos de 2, 4, 6, 8, 10 y 12 son pares. ¿Hay alguna fila o columna de sumas en la tabla de suma que tenga todos números pares? Explica.

5. ¿Puedes hacer otras comparaciones entre las tablas de suma y de multiplicación?

+	0	1	2	3	4	5	6	7	8	9	10
0	0	1	2	3	4	5	6	7	8	9	10
1	1	2	3	4	5	6	7	8	9	10	11
2	2	3	4	5	6	7	8	9	10	11	12
3	3	4	5	6	7	8	9	10	11	12	13
4	4	5	6	7	8	9	10	11	12	13	14
5	5	6	7	8	9	10	11	12	13	14	15
6	6	7	8	9	10	11	12	13	14	15	16
7	7	8	9	10	11	12	13	14	15	16	17
8	8	9	10	11	12	13	14	15	16	17	18
9	9	10	11	12	13	14	15	16	17	18	19
10	10	11	12	13	14	15	16	17	18	19	20

×	1	2	3	4	5	6	7	8	9	10	11	12
1	1	2	3	4	5	6	7	8	9	10	11	12
2	2	4	6	8	10	12	14	16	18	20	22	24
3	3	6	9	12	15	18	21	24	27	30	33	36
4	4	8	12	16	20	24	28	32	36	40	44	48
5	5	10	15	20	25	30	35	40	45	50	55	60
6	6	12	18	24	30	36	42	48	54	60	66	72
7	7	14	21	28	35	42	49	56	63	70	77	84
8	8	16	24	32	40	48	56	64	72	80	88	96
9	9	18	27	36	45	54	63	72	81	90	99	108
10	10	20	30	40	50	60	70	80	90	100	110	120
11	11	22	33	44	55	66	77	88	99	110	121	132
12	12	24	36	48	60	72	84	96	108	120	132	144

Glosario

ácido carbónico: un tipo de ácido con base de carbono

ácidos: sustancias con sabor agrio que pueden disolver metales y otros materiales

conservar: proteger y mantener a salvo para el futuro

corrosión: la ruptura o disolución de algo

deposita: deja una cantidad de algo sobre una superficie

espeleólogos: personas que estudian y exploran las cuevas

espeleotemas: formaciones creadas por el depósito de minerales, como las estalactitas o estalagmitas

estalactitas: espeleotemas que se forman de arriba hacia abajo desde el techo

estalagmitas: espeleotemas que se forman de abajo hacia arriba desde el suelo

guano: material de desecho de aves y murciélagos

percola: deja pasar lentamente

placas: segmentos grandes y móviles de la litósfera de la Tierra

procesos: acontecimientos naturales que generan cambios graduales

soluble: que puede disolverse en un líquido

Índice

Soluciones

Exploremos las matemáticas

página 5:

par

página 7:

1. par
2. impar
3. par; par

página 11:

1. 9   3. 12
2. 8   4. 0

página 15:

1. 18
2. 18
3. A pesar de que cambió el orden de los factores, el producto no cambió.

página 21:

1. Las respuestas variarán, pero pueden incluir: Cada sumando es 5 o menor; las sumas de 5 están en diagonal.
2. Solo sumandos de 0 pueden dar 0.
3. Las respuestas variarán, pero pueden incluir: 10 es la suma que más aparece en la tabla; las sumas de 10 están en diagonal.

4. Las respuestas variarán, pero pueden incluir: Las mismas sumas aparecen en diagonal; las sumas aumentan a la derecha o hacia abajo, pero disminuyen a la izquierda o hacia arriba.

página 25:

1. 5: 2 personas × 12 pasos; 3 personas × 8 pasos; 4 personas × 6 pasos; 8 personas × 3 pasos; 12 personas × 2 pasos
2. No

Resolución de problemas

1. El dígito en el lugar de la unidad es 5 o 0; los múltiplos alternan entre impar y par.
2. Los múltiplos alternan entre impar y par; 3, 6, 9 y 12 tienen factores similares.
3. 13, 26, 39, 52, 65, 78, 91, 104, 117, 130, 143, 156, 169
4. No; al agregar uno más, hay veces en las que no se pueden formar dos grupos iguales, así que la suma es impar.
5. Las respuestas variarán, pero pueden incluir: Las primeras columnas de cada tabla son iguales.